SUR LA CROISETTE

Un jeune journaliste est envoyé à Cannes pour suivre le Festival international de cinéma. À la plage, il filme un curieux homme-grenouille sur un yacht.
Le lundi 8 mai, premier jour du Festival, on apprend que la célèbre actrice Brigitte Bobine a été assassinée alors qu'elle nageait près de la plage privée du célèbre hôtel Carlton.
C'est le commissaire Marius Pastaga qui mène l'enquête…

TEXTE ARTHUR SENNBAULT
EXERCICES ET NOTES DENIS MICHALLET
RÉVISION DENIS MICHALLET
ILLUSTRATIONS JOHN CLEVERBOY
ÉDITION CARMEN FRAGNELLE

DANS LES
LECTURES TRÈS FACILITÉES
ON RETROUVE DES HISTOIRES CONNUES
PAR LES ENFANTS OU CONÇUES EXPRÈS POUR EUX.
ELLES SONT ÉCRITES DANS UN LANGAGE SIMPLE
ET ACCOMPAGNÉES D'ACTIVITÉS ET DE JEUX.

La Spiga languages

PREMIÈRE PARTIE
UN JOURNALISTE À CANNES

Aujourd'hui le patron du journal m'a demandé :
- Voulez-vous aller sur la Côte d'Azur ?
- Bien volontiers, patron !
Quelle chance ! Le patron m'envoie à Cannes pour couvrir[1] le Festival.
- Vous logerez[2] chez Juliette Lapige, qui travaille pour le journal *Nice Matin*. Vous suivrez la sortie du film français de l'année, *Les Caprices du désir*, avec Brigitte Bobine dans le rôle principal. Monika Jolie sera une autre vedette de cette édition. Envoyez vos articles le lundi et le mercredi.
- Bien, patron. Vous pouvez compter sur moi !

---

1. **couvrir (un événement):** pour un journaliste, assurer une information complète sur cet événement.
2. **loger:** avoir sa résidence permanente ou provisoire quelque part, habiter.

ACTIVITÉ

C'est par où ?

Le jeune journaliste arrive en train à la gare de Cannes. Pour aller chez Juliette Lapige, il doit demander son chemin à une dame. Complète le dialogue et conjugue les verbes entre parenthèses au présent de l'indicatif.

LE JOURNALISTE : (s'excuser) _____ madame, je (chercher) _____ la rue Georges Clemenceau , c'est par où ?

LA DAME : Ah, oui, c'est près de la tour du Suquet, vous (prendre) _____ la rue Jean Jaurès à droite. Vous (arriver) _____ sur la place du 18 Juin. Là, vous (voir) _____ la tour du Suquet. La rue Georges Clemenceau est à côté mais attention elle est longue. Vous (aller) _____ à quel numéro?

LE JOURNALISTE : Au 18.

LA DAME : Alors, (longer) _____ le musée de la Castre comme cela vous (arriver) _____ plus vite. Il (falloir) _____ dix minutes à pied environ.

LE JOURNALISTE : _____ madame.

Juliette est une jolie brune aux yeux verts. Elle a vingt-cinq ans.
J'ai d'abord fait connaissance avec son chien Truffo. Comme dans *Les 101 dalmatiens* où c'est grâce à leurs chiens que des maîtres surmontent[1] leur timidité et font connaissance…
- Pourquoi l'avez-vous appelé Truffo ?
- Parce qu'il a un bon flair[2].
Juliette possède aussi un poisson rouge nommé Kurosawa à cause des *Sept Samouraïs*, son film préféré.
Elle me propose d'aller faire un tour sur la Croisette[3] le lendemain matin, à 9 heures.

1. surmonter (quelque chose) : être plus fort et vaincre.
2. le flair : odorat du chien.
3. la Croisette : célèbre boulevard de Cannes où se trouvait une petite croix (✝).

ACTIVITÉ

✎ Ça s'écrit comment ?
Écris en toutes lettres les chiffres cardinaux ou ordinaux des titres de films suivants.

- Les 101 _____ dalmatiens
- Les 400 _____ Coups
- Fahrenheit 451 _____
- La 8ᵉ _____ Femme de Barbe-Bleue
- L'Assassin habite au 21 _____
- Les 5000 _____ doigts du docteur T
- 2001 _____ : l'Odyssée de l'espace
- 1984 _____
- Mourir à 30 _____ ans
- 20 000 _____ lieues sous les mers
- Le Tour du monde en 80 _____ jours

Aujourd'hui, Juliette me montre le boulevard de la Croisette :
- D'un côté il y a la plage, les îles de Lérins, les montagnes de l'Esterel et de l'autre il y a des palmiers[1], des hôtels et de jolies boutiques.
Nous passons devant le Palais des Festivals.
- Dis-donc Juliette, que le palais est moche[2] !
- Tu as bien raison, tu sais on l'appelle le bunker.
- Mais où est la célèbre descente des marches ?
- L'escalier d'honneur est juste là, regarde !
Chaque année les vedettes de cinéma le prennent pour aller au grand auditorium où ont lieu les projections.

---

1. un palmier : arbre des régions chaudes surmonté de grandes feuilles palmées.
2. moche : (*familier*) laid.

ACTIVITÉS

✎ **Réécris le dialogue en imaginant que le journaliste Pedro et Juliette se vouvoient (pronom VOUS au lieu de TU).**

✎ **Relies les mots familiers suivants à leurs équivalents en français courant.**

MOTS EN FRANÇAIS FAMILIER	MOTS EN FRANÇAIS COURANT
Moche	Entreprise ou discothèque
Bouquin	Travail, emploi
Crever	Enfant
Type	Lycée
Boulot	Livre
Chouette	Laid
Gosse	Mourir
Bosser	Automobile
Boîte	Homme
Bahut	Sympathique, joli, agréable
Bagnole	Travailler

Sur la Croisette, nous passons maintenant devant le Carlton, l'un des plus beaux hôtels du monde. Les hommes les plus riches et les plus célèbres du monde viennent y loger. Juliette me montre une brochure publicitaire :

> Depuis son ouverture en 1912, le Carlton est fier d'accueillir les plus grandes personnalités de ce monde. Entre mer et montagne, l'Hôtel règne en vedette sur la célèbre Croisette. Avec ses 326 chambres, dont 28 suites[1], l'Hôtel Carlton se conjugue au quotidien avec luxe, confort et volupté[2] dans une ambiance très méditerranéenne.

1. **suite :** appartement de plusieurs pièces loué à un seul client dans un hôtel de luxe.
2. **volupté :** vif plaisir des sens.

ACTIVITÉ

✎ LE PLUS, LA PLUS, LES PLUS...
Réponds en utilisant un superlatif comme dans l'exemple. Attention aux superlatifs comme MEILLEUR.

Gérard Depardieu est un acteur français très connu.
Oui, je pense que c'est l'acteur français le plus connu.

1. Le Carlton est un hôtel cannois très beau.
   _____.

2. Nicole Kidman est une actrice américaine très célèbre.
   _____.

3. Le Mont-Saint-Michel est un site très touristique en France.
   _____.

4. Brigitte Bobine est une actrice française très bonne.
   _____.

5. Les suites du Carlton sont très confortables.
   _____.

S'il fait beau, Juliette propose de m'emmener lundi à la plage de Théoule-sur-Mer. Il faut éviter la plage de la Croisette, dit-elle : il y a trop de monde, la plage est pleine de starlettes qui veulent devenir célèbres.
Un attroupement[1] s'est justement formé près du Carlton. Sur un chameau[2], une jolie blonde enlève son manteau de vison.
Elle n'a plus qu'un minuscule maillot de bain.

Les paparazzis et les photographes se déchaînent[3]. Une rumeur circule dans la foule : il s'agit de Sofia Dumondobalcon.

1. un attroupement : réunion de personnes sur la voie publique.
2. un chameau : grand mammifère à une ou deux bosses dorsales.
3. se déchaîner : s'emporter, s'exciter.

ACTIVITÉS

✎ VOULOIR, SAVOIR ou CONNAÎTRE ?
Complète le texte en conjuguant ces verbes au présent de l'indicatif.

Maman, je _____ être actrice. Regarde-moi : je _____ danser. Je _____ la valse, le rock, le tango et le cha-cha-cha. Je _____ chanter, je _____ au moins cent chansons ! Je _____ devenir célèbre et je _____ épouser un roi ou le président d'Amérique : je _____ beaucoup de mots anglais !

✎ Conjugue ces mêmes verbes ainsi que le verbe POUVOIR au présent de l'indicatif.

- Bonjour madame, _____-je parler avec Max Detune, s'il vous plaît ?
- Il n'est pas là, mais je suis madame Detune, est-ce que vous _____ laisser un message ?
- Oui, voilà je suis Yvan Loucedé, un ami : je _____ que Max Detune _____ acheter une Ferrari. Je _____ un très bon garage où il y a plusieurs bonnes affaires. S'il _____, il _____ me contacter chez moi, mais il _____ aussi aller directement sur place, au garage Grisbi, 15 rue Jean Binga.

Sur la plage de Théoule on a une vue magnifique sur la baie de La Napoule, Cannes et les îles de Lérins. Il fait beau mais au mois de mai l'eau est encore fraîche. Juliette se baigne[1], pas moi.

- Le premier homme célèbre qui s'est baigné dans la mer c'était le prince de Galles en 1787 à Brighton, dit Juliette.

- L'eau devait être froide ! Et sais-tu qui est la première femme qui a mis un bikini ?

- C'est Brigitte Bardot dans *Et Dieu créa la femme*, le film qui a lancé Saint-Tropez.

1. se baigner : se plonger entièrement dans un liquide.

ACTIVITÉ

✎ OÙ ? QUAND ? COMMENT ? À QUELLE HEURE ?
Réponds aux questions.

1. Le Festival de Cannes a lieu en quelle saison ? Pendant quel mois ?

2. En quelle année se passe le premier bain de mer célèbre ?

3. Quelle est la température de l'eau au moment du Festival ?

4. Quel temps fait-il quand Pedro et Juliette sont à la plage de Théoule ?

5. Au mois de mai, quel temps fait-il dans ton pays ?

À 200 mètres de la plage se trouve un superbe yacht nommé *Le Vent se lève*. Grâce au zoom de ma caméra numérique, j'aperçois une très jolie fille qui enlace[1] un type grassouillet[2] en bermuda bleu, un cigare au bec[3].
- Ça a l'air intéressant ce que tu regardes ! dit Juliette.
- Je n'avais encore jamais vu ce modèle de yacht…
- Tu ne vas pas me dire que tu regardes le yacht !
- En tout cas, je trouve que l'homme ressemble à Spielborg.

1. enlacer : serrer contre soi en entourant de ses bras.
2. grassouillet/ette : assez gras(se) et rebondi(e).
3. un bec : (*familier*) une bouche.

ACTIVITÉ

Retrouve les titres de film cachés dans ces charades.

A

Mon premier est la première lettre de l'alphabet.

Mon second est l'extrémité de quelque chose ou tout simplement un morceau.

Mon troisième est une préposition mais également un chiffre.

Il faut beaucoup de mon quatrième pour courir un marathon.

Mon tout est un célèbre film de Jean-Luc Godard avec Jean-Paul Belmondo et Jean Seberg qui marque la "Nouvelle Vague" du cinéma français. Le héros du film, un marginal, vole une voiture et tue un policier. _____

B

Mon premier est un article défini féminin singulier.

Mon deuxième est la quatorzième lettre de l'alphabet français.

Mon tout est un film de Mathieu Kassovitz sur l'histoire de trois copains qui vivent dans la banlieue parisienne. _____

Voir corrigés, page 61

Maintenant que le yacht de Spielborg a levé l'ancre, je remarque derrière ce dernier un autre yacht plus petit. Je filme à présent une scène intéressante : un type musclé en tenue d'homme-grenouille[1]. Au début, je l'aperçois prés de la cabine. Il se prépare à faire de la pêche[2] sous-marine. Son yacht se dirige vers Cannes.

- Dis-donc Pedro, sais-tu quel mystérieux personnage a été détenu dans l'île de Sainte Marguerite, que l'on voit là-bas ?
me demande Julie.
- Euh ! Non, je ne sais pas.
- Le Masque de fer !

1. **un homme-grenouille** (ou **nageur de combat**) : plongeur muni d'un scaphandre autonome.
2. **la pêche** : action ou manière de prendre les poissons.

ACTIVITÉS

✎ Conjugue à l'indicatif présent les verbes pronominaux suivants.

Juliette (se baigner) _____ , pas moi.
Je filme une scène intéressante : un type musclé en tenue d'homme-grenouille. Au début je l' (apercevoir) _____ prés de la cabine. Il (se préparer) _____ à faire de la pêche sous-marine. Son yacht (se diriger) _____ vers Cannes.

✎ Complète avec les pronoms et les négations qui manquent.

Je m'appelle Gérard. Mon père _____ appelle Francis. _____ ressemblons beaucoup : _____ habillons de la même manière et _____ intéressons aux mêmes choses. Souvent, on _____ dispute quand on parle de cinéma, mais on _____ fâche pas longtemps. Comme je suis le plus têtu, je _____ arrête pas de discuter et souvent je _____ contrôle plus alors on _____ bagarre beaucoup tous les deux mais on _____ aime bien quand même...

Je téléphone au journal pour annoncer un scoop : j'ai interviewé mon actrice préférée, Monika Jolie.
- Allô ! Patron, j'ai réussi à faire l'interview du siècle !
- Chapeau ! De qui s'agit-il ?
- C'est une surprise ! Je vous envoie mon papier[1] par télécopie[2].
Mon patron rappelle après avoir lu l'interview :
- C'est bien ! Vous avez fait du beau travail mais toutes ces informations sont déjà sur le site de l'actrice.
- Vous avez raison. C'est difficile d'être original dans les interviews… : on pose toujours les mêmes questions !

1. **un papier :** article destiné à un journal.
2. **une télécopie :** procédé permettant la reproduction à distance d'un document graphique.

ACTIVITÉ

✎ **Complète le résumé de la première partie.**

Un jeune journaliste arrive à _____ pour couvrir le _____ . Il doit surtout suivre le film Les Caprices du _____ où Brigitte Bobine _____ le rôle principal.

Il fait _____ avec Juliette Lapige _____ travaille à Nice Matin.

Avec Juliette, il se _____ sur la Croisette, admire le Carlton, _____ de luxe dans lequel on rencontre souvent des _____ , comme Sofia Dumondobalcon.

Avec Juliette, il va à la _____ de Théoule, d'où la _____ est très belle sur la _____ de Cannes. Il _____ une scène intéressante : un _____ se prépare à faire de la _____ sous-marine. Son _____ se dirige _____ Cannes.

Il réussit à _____ son _____ préférée, Monika Jolie.

- Comment avez-vous commencé dans le cinéma ?
- J'ai débuté dans L'Immeuble en 1996.
- Monika, que pensez-vous de Brigitte Bobine ?
- Elle a beaucoup d'expérience et de très grandes qualités.
- Quel est le film dans lequel vous avez préféré tourner ?
- Mon film préféré c'est Mission Cléopâtre : mis à part[1] mon nez, je ressemble beaucoup à Cleopâtre, vous ne trouvez pas?
- Une dernière question mademoiselle Jolie : voulez-vous avoir un autre enfant ?
- Mais ça ne vous regarde[2] pas monsieur !

1. mis à part : excepté.
2. Ça ne vous regarde pas ! : cela ne vous concerne pas !

ACTIVITÉ

✎ **Dans l'interview suivante de Brigitte Bobine, imagine les questions du journaliste à partir des réponses.**

P : _____ ?

B : *Les Caprices du désir*.

P : _____ ?

R : Avec Alex Térieurnuit, le meilleur acteur français à l'heure actuelle.

P : _____ ?

R : Oui, j'adore le Festival de Cannes.

P : _____ ?

R : Toujours au Carlton.

P : _____ ?

R : Parce que j'apprécie beaucoup sa plage privée. Je peux nager pendant des heures dans la mer.

DEUXIÈME PARTIE
LE TRAGIQUE DESTIN DE BRIGITTE BOBINE

Le mardi 9 mai vers 9 heures, Pedro, prend son petit-déjeuner dans un café : il boit un petit crème et mange un croissant, tout en lisant *Nice Matin*.

Son attention est attirée par un titre à la une[1] :

Nice Matin • Mardi 9 mai

ABOMINABLE[2] CRIME AU CARLTON !

Au Carlton ? Le premier jour du Festival ! Il a dû se passer quelque chose de dramatique…
Il décide de lire l'article complet en deuxième page.

---

1. la une : (*familier*) première page d'un journal.
2. abominable : qui inspire de l'horreur, affreux, atroce, horrible, monstrueux.

ACTIVITÉ

✎ **Complète les phrases suivantes avec SALIR, GUÉRIR, VIEILLIR, RÉFLÉCHIR, GROSSIR, APPLAUDIR, ROUGIR au présent de l'indicatif.**

1. Attention, les enfants ! Vous _____ la moquette avec vos chaussures.

2. Certaines plantes _____ parfaitement les douleurs d'estomac.

3. Les vins rouges _____ mieux que les vins blancs.

4. Quand tu joues aux échecs, tu _____ vraiment trop longtemps.

5. Nous _____ toujours quand nous passons une semaine chez ta mère.

6. Quand les comédiens saluent, les gens _____ .

7. Les jeunes filles d'aujourd'hui ne _____ plus comme avant, elles sont moins timides !

Nice Matin • Mardi 9 mai • page 2

Hier soir lundi, vers 19 h, on a retrouvé le corps de Brigitte Bobine près de la plage privée du Carlton. C'est Amadou Fierabras, son garde du corps, qui a fait cette macabre découverte.

Pourquoi l'assassin s'en est-il pris à[1] la célèbre actrice qui devait remporter[2] le prix d'interprétation féminine pour *Les Caprices du désir*, un film produit par Gonzague Melesbrise sur un scénario de Marlène Lang ?

Le commissaire Marius Pastaga, de la P.J.[3] de Marseille, a été chargé de l'enquête[4].

---

1. **s'en prendre à (quelqu'un)** : s'attaquer à une personne.
2. **remporter** : gagner, emporter ce qui est disputé (ici, un prix).
3. **P.J.** : police judiciaire, celle qui a pour but de rechercher et de remettre à la justice les auteurs d'une infraction.
4. **une enquête** : recherche ordonnée par une autorité administrative ou judiciaire.

ACTIVITÉ

✏️ **Le cambrioleur caché.**

Des détectives, des policiers célèbres et un agent secret se cachent dans cette grille. Trouve-les ! Toutes les lettres qui restent te donneront le nom d'un cambrioleur... qui s'est caché parmi eux.

A	M	H	O	L	M	E	S
J	A	V	E	R	T	C	M
R	R	S	T	E	I	O	A
N	L	B	R	È	N	L	I
L	O	O	A	▓	T	O	G
U	W	N	C	P	I	M	R
I	E	D	Y	N	N	B	E
M	A	R	P	L	E	O	T

As-tu réussi à passer les menottes à ce cambrioleur ?

Voir corrigés, page 61

En lisant l'article dans *Nice Matin*, le commissaire Marius Pastaga lisse sa moustache et fume sa pipe. Le commissaire est un grand travailleur. Il a réussi à entrer dans la Police Judiciaire de Marseille où il est devenu commissaire.

Marius sait que la Côte d'Azur, synonyme d'argent et de vice, attire la criminalité organisée.

Pour cette affaire, on lui a demandé, le soir même du crime, de mener l'enquête, dans la plus stricte confidentialité[1]. Il coordonne une équipe de fins limiers[2] chargés des investigations.

1. **confidentialité :** maintien du secret des informations.
2. **un limier :** personne qui suit une piste, cherche à retrouver la trace de quelqu'un, détective.

ACTIVITÉ

✎ **Découvre les qualités de Marius Pastaga. Écris les lettres de ces qualités sur les tirets (_ _).**

a. Il faut l'être, si on veut découvrir la vérité et M. Pastaga l'est car il cherche partout. **(7 lettres)**

_ _ _ _ _ _ _

b. On le dit d'une personne qui utilise une méthode. **(10 lettres)**

_ _ _ _ _ _ _ _ _ _

c. On le dit de quelqu'un qui est capable de comprendre. **(11 lettres)**

_ _ _ _ _ _ _ _ _ _ _

d. Si on sait séduire les gens, on l'est. **(9 lettres)**

_ _ _ _ _ _ _ _ _

e. On le dit de quelqu'un qui utilise non seulement la raison, mais également l'intuition. **(8 lettres)**

_ _ _ _ _ _ _ _

f. Quelqu'un qui a de l'énergie. **(9 lettres)**

_ _ _ _ _ _ _ _ _

Voir corrigés, page 61

Amadou répond gentiment au commissaire même s'il a des difficultés à prononcer les R.
- Monsieur Fierabras, quand avez-vous constaté la disparition[1] ?
- Hier soir, lundi 8 mai, ve's 7 heures du soi' envi'on.
- Où était Brigitte?
- B'igitte a nagé jusqu'à 100 mèt'es du bo'd, là où se t'ouvent les bouées[2] jaunes de sécu'ité, et ça doit êt'e là que le c'iminel a opé'é. Comme je ne l'ai pas vu 'éappa'aît'e, j'ai aussitôt p'évenu le maît'e nageu'[3] du Ca'lton, Noah Lepoisson.
- Merci bien, Monsieur Fierabras.

---

1. une disparition : absence anormale et inexplicable.
2. une bouée : corps qui signale un obstacle ou qui délimite un espace dans l'eau.
3. un maître nageur : professeur de natation.

ACTIVITÉS

✎ **À toi de jouer !**
Réécris les répliques d'Amadou en rétablissant les R qui manquent.

✎ **Transcris maintenant les répliques d'Amadou Fierabras en imaginant que :**

- le maître nageur qui a retrouvé le corps de Brigitte Bobine est Gerd Müller, d'origine allemande : il prononce les T comme des D.

- le maître nageur qui a retrouvé le corps de Brigitte Bobine est Yamamoto Kadératé, d'origine japonaise : il prononce les R comme des L.

- le maître nageur qui a retrouvé le corps de Brigitte Bobine est Angelo Nuotobello, d'origine italienne : il prononce les U comme des OU.

- le maître nageur qui a retrouvé le corps de Brigitte Bobine est Pedro Sabordemar, d'origine espagnole : il prononce les B comme des V.

- le maître nageur qui a retrouvé le corps de Brigitte Bobine est John Swimwell , d'origine anglaise : il met des Y à la place des É, prononce les U et OU comme des OW.

Le directeur du Carlton, Nestor Courbette, est inquiet : Une morte ! L'une des actrices françaises les plus célèbres !
L'enfer a commencé dès les premiers jours du Festival. Quatre cents arrivées à gérer en quarante-huit heures. L'hôtel complet pendant deux semaines. Des clients toujours plus exigeants : Sharon Wood, qui demande une baignoire[1] octogonale. Jack Nikourson, qui veut toujours un ours en peluche. Et Brett Python, lui, un miroir géant pour admirer ses abdominaux. Quand on travaille dans un palace, il faut satisfaire ces caprices tout de suite.

1. une baignoire : appareil sanitaire d'une salle de bains dans lequel on prend des bains.

ACTIVITÉ

✏️ **Ludivine… comment ?!?**

Retrouve dans cette grille les noms de 13 acteurs et actrices français(es) célèbres. Avec les 7 lettres qui restent, tu pourras former le quatorzième nom d'une jeune actrice dont le prénom est Ludivine.

N	A	D	J	A	N	I	S
O	A	M	A	R	C	E	A	U
I	B	I	N	O	C	H	E	
R	B	E	L	M	O	N	D	O
E	H	U	P	P	E	R	T	
T	D	E	N	E	U	V	E	G
D	E	P	A	R	D	I	E	U
N	S	E	R	R	A	U	L	T
I	A	U	T	E	U	I	L	E
R	O	C	H	E	F	O	R	T
L	U	C	C	H	I	N	I	R

Si tu ne connais pas ces comédien(ne)s, regarde leur biographie et leur filmographie sur l'Internet.

Voir corrigés, page 61

—Rassurez-vous, monsieur Courbette, nous n'allons pas fermer le Carlton… Tout le monde a besoin de discrétion, surtout quand les caméras du monde entier observent la Croisette. Quand avez-vous appris la nouvelle du meurtre[1] ?
- Il était 19h15 et j'étais dans la cuisine. C'est Noah Lepoisson qui m'a prévenu.
- Y avait-il d'autres témoins[2] ?
- Quand le drame a eu lieu, l'équipe de tournage du film *Les Caprices du désir* prenait l'apéritif au bord de la plage privée.

1. **un meurtre :** action de tuer volontairement un être humain (crime, homicide).
2. **un témoin :** personne qui a vu ou entendu quelque chose, et peut éventuellement le certifier, le rapporter.

ACTIVITÉS

✏️ **Où ? Quand ? Comment ? À quelle heure ? Réponds.**

• Quel jour a eu lieu le meurtre ?

___

• Quelle heure était-il ?

___

• Où était l'équipe de tournage quand B.B. a disparu ?

___

• Qui a découvert le corps en premier ?

___

✏️ **Écris les heures en toutes lettres.**
Écris sur ton cahier deux possibilités quand c'est possible comme dans l'exemple.

7h45   *Il est sept heures quarante-cinq*
       Il est huit heures moins le quart

9 h 10	20 h 50
4 h 15	6 h 30
12 h 25	24 h 00
0 h 15	3 h 12
15 h 45	2 h 30

- **N**oah Lepoisson, que s'est-il passé?
- Je suis chargé de la protection du périmètre de plage réservé aux clients et limité par des bouées jaunes… J'ai l'habitude de voir des pieuvres, des tortues géantes, des requins[1] dans la mer Rouge.

Dès qu'Amadou m'a signalé la disparition, j'ai pensé au pire. Nestor m'a demandé de fouiller[2] le périmètre. J'ai découvert le corps, qui flottait[3] à 50 mètres du bord environ, et nous avons prévenu vos services.

---

1. **un requin :** poisson de la famille des squales au corps allongé, de grande taille et très puissant.
2. **fouiller :** explorer avec soin en tous sens.
3. **flotter :** être porté par un liquide, surnager.

ACTIVITÉ

Mets au passé composé ou à l'imparfait les verbes à l'infinitif.

- Quand (vous/apprendre) _____ la nouvelle du meurtre ?
- Il (être) _____ 19h15 et je (être) _____ dans la cuisine. C'est Noah Lepoisson qui me (prévenir) _____ .
- Y a-t-il d'autres témoins ?
- L'équipe de tournage du film *Les Caprices du désir* (prendre) _____ l'apéritif au bord de la plage privée quand le drame (avoir lieu) _____ .

Dès qu'Amadou me (signaler) _____ la disparition, je (penser) _____ au pire. Nestor me (demander) _____ de fouiller le périmètre.
Je (découvrir) _____ le corps, qui (flotter) _____ à 50 mètres du bord environ, et nous (prévenir) _____ vos services.

Le commissaire observe attentivement une photographie de l'actrice sur laquelle elle a quarante ans et les cheveux blonds.
Sa filmographie comprend des premiers rôles dans des films de série B et des rôles secondaires dans des films à succès :
Un café nommé Désir, L'Inconnu de Valparaiso, Le triangle des bermudas...
Qui pouvait la détester au point de l'éliminer brutalement au sommet[1] de sa carrière ?
Une rivale malheureuse ? Un producteur ruiné[2] ? Une starlette envieuse[3] ?
Pour le savoir, il faut interroger les membres de l'équipe du film.
Et trouver l'arme du crime...

1. **un sommet :** degré le plus élevé, supérieur, suprême.
2. **ruiné(e) :** qui a perdu sa fortune.
3. **envieux/envieuse :** jaloux/se.

ACTIVITÉ

✎ **Qui est qui ?**
Associe chaque personnage de l'histoire à son portrait.

1. Pedro 2. Juliette Lapige
3. Sofia Dumondobalcon 4. Brigitte Bobine
5. Noah Lepoisson 6. Nestor Courbette
7. Gonzague Melesbrise 8. Marlène Lang
9. Marius Pastaga 10. Sylvestre Étalon (page 48)

(__) Physique de culturiste, véritable Rambo

(__) Elégant, riche, une cinquantaine d'années

(__) Physique de nageur musclé et bronzé

(__) Jeune, enthousiaste, curieux, frileux

(__) Très perspicace, fume la pipe

(__) Très jolie fille au physique de mannequin

(__) Quarante ans, cheveux blonds

(__) Toujours courbé, petit, inquiet

(__) Femme sympathique et ouverte

(__) Jolie brune aux yeux verts de vingt-cinq ans

Marius Pastaga se rend dans la magnifique villa du duc Gonzague Melesbrise qui est entourée d'un vaste jardin planté d'orangers et de citronniers.
- Monsieur Melesbrise, qui a écrit le scénario[1] du film ?
- Marlène Lang me l'a présenté. Il m'a plu tout de suite. Je voulais Brigitte Bobine dans le rôle principal.
- Pour quelle raison ?
- Pour garantir le succès commercial du film. Ma société a des problèmes financiers car mon dernier film a été un échec[2].

1. un scénario : description de l'action d'un film.
2. un échec : insuccès, manque de réussite.

ACTIVITÉ

Allons au cinéma !
Ces titres de films célèbres ont été mélangés. Peux-tu les reconstituer ?

Les Enfants	de bicyclette
Le facteur	est un roman
Le Voleur	sifflera trois fois
Les Visiteurs	des brumes
Blanche-Neige	de la peur
Le train	du paradis
Et Dieu	sonne toujours deux fois
Quai	et les sept nains
La Vie	du soir
Le salaire	créa la femme

Voir corrigés, page 62

Le commissaire lit attentivement le scénario du film puis il va interroger Marlène Lang, l'assistante de production, au marché Forville, où elle fait ses courses.

- Commissaire Pastaga, bonjour !
- Bonjour commissaire. Que puis-je faire pour vous ?
- Parlez-moi de Brigitte Bobine.
- C'est une excellente actrice. Pas toujours attentive[1] dans ses fréquentations.
- Que voulez-vous dire?
- Eh bien, son dernier amant, Yvan Loucedé, a été mêlé à plusieurs affaires de blanchiment[2] d'argent et de contrefaçon[3].

1. **attentif/ive :** qui agit avec à-propos et intelligence après avoir mûrement réfléchi.
2. **le blanchiment :** action de donner une existence légale à des fonds dont l'origine est frauduleuse ou illicite.
3. **une contrefaçon :** imitation frauduleuse.

ACTIVITÉ

✏️ **Retrouve les deux acteurs français qui se cachent dans ces charades.**

A

Mon premier est la première lettre de l'alphabet.
Mon deuxième est un tissu naturel qui se froisse facilement.
Mon troisième est une préposition.
Mon quatrième n'est pas court.
Mon tout est _____ .

B

Mon premier est la deuxième syllabe du mot argent.
Mon deuxième recouvre le corps.
Mon troisième est la douzième lettre de l'alphabet.
Toutes les femmes voudraient être mon quatrième.
Mon cinquième est à moi.
Personne ne peut voir son sixième.
Mon tout est _____ .

Voici un indice : ces deux comédiens ont souvent joué ensemble dans des films policiers.

Voir corrigés, page 62

- **E**t son mari ?
- Max Detune ? Ils étaient en instance de divorce, il en avait assez de ses aventures extraconjugales. Mais il a un alibi : au moment du crime, il se reposait à Saint-Paul-de-Vence.

- Et Alex Térieurnuit, son partenaire principal dans le film ?
- Pourquoi en voudrait-il[1] à Brigitte Bobine ? Elle ne lui volait pas la vedette.
- Merci de votre aide, Mademoiselle Lang !
- J'espère que vous trouverez bientôt l'assassin. Bon travail, commissaire !

1. **en vouloir (à quelqu'un) :** garder du ressentiment, de la rancune contre une personne.

ACTIVITÉS

✎ Relève dans les pages 22 à 43 tous les mots qui ont un rapport avec le crime.

- **Substantifs :** *assassin*, ...

- **Verbes :** *assassiner*, ...

- **Adjectifs :** *criminel*, ...

✎ Pour les mots suivants, recherche à l'aide d'un dictionnaire des termes appartenant à une même famille lexicale, comme dans l'exemple.

Assassin : ***assassiner / un assassinat***

- Crime :

- Meurtre :

- Enquête :

Quand Marius frappe
à la porte de Sofia
Dumondobalcon,
elle sirote[1]
un diabolo-menthe[2].
Marius remarque la présence
surprenante de nombreux
livres dans son minuscule studio[3].
- Que faisiez-vous le lundi 8 mai à 19 heures ?
- J'étais dans mon studio où je sirotais ma boisson préférée.
- Connaissiez-vous Brigitte Bobine ?
- Bien sûr !
- Est-ce que vous l'admiriez ?
- Non, c'était une vieille actrice sans talent.
- Et vous, vous préférez être une starlette ?
- Mais, monsieur le commissaire, je serai bientôt une star !

Marius charge ses collaborateurs d'enquêter sur le passé mystérieux de Sofia.

---

1. siroter : boire à petits coups en savourant, déguster.
2. un diabolo-menthe : boisson, mélange de limonade et de sirop de menthe.
3. studio : logement formé d'une seule pièce principale.

ACTIVITÉ

✎ **Connais-tu parfaitement l'imparfait ?**
Mets les verbes entre parenthèses à l'imparfait.

1. - Que (faire) _____-vous le lundi 8 mai à 19h ?

   - Je (être) _____ dans mon studio et je (siroter) _____ un diabolo-menthe.

   - (Connaître) _____-vous Brigitte Bobine ?

   - Bien sûr !

   - Est-ce que vous l'(admirer) _____ ?

   - Non, c'(être) _____ une vieille actrice sans talent.

2. Notre Rambo ne (être) _____ pas le seul à bord. Une deuxième personne (se trouver) _____ dans la cabine du yacht, une ravissante starlette.

Le lieutenant de police Jean Travkeucouic téléphone à Marius Pastaga :
- Le médecin légiste[1] assure que la blessure n'a pu être provoquée que par un nageur de combat.
- Comment s'est-il approché ?
- Il a observé la victime avec de bonnes jumelles[2], d'un yacht amarré[3] au large. Il possédait probablement un appareil respiratoire appelé *recycleur* qui ne dégage aucune bulle[4].
- Quelle arme a-t-il utilisé ?
- Une arbalète[5] à air comprimé qui est utilisée par les spécialistes de la chasse sous-marine.
- Excellent travail, Jean !

1. **légiste :** chargé d'expertises en matière légale (accidents, crimes, etc.).
2. **des jumelles :** instrument portatif à deux lunettes pour voir de loin.
3. **amarré(e) :** maintenu(e), retenu(e) par un câble, un cordage.
4. **une bulle :** petite quantité d'air ou de gaz qui s'élève sous une forme sphérique à la surface d'un liquide en mouvement.
5. **une arbalète :** arme pour tirer composée d'un arc d'acier dont la corde se tend avec un mécanisme.

ACTIVITÉ

✎ Vrai (V) ou faux (F) ?

	V	F
1. La mort de Brigitte Bobine arrange Nestor Courbette.	☐	☐
2. Le dernier amant de B.B. était un personnage peu recommandable.	☐	☐
3. Max Detune, le mari de B.B. était à Cannes au moment du crime.	☐	☐
4. Gonzague Melesbrise n'a aucun problème d'argent.	☐	☐
5. Alex Térieurnuit n'a aucune raison d'assassiner B.B.	☐	☐
6. La boisson préférée de Sofia est le cognac.	☐	☐
7. Sofia admirait beaucoup B.B.	☐	☐
8. L'auteur du crime est un plongeur expérimenté.	☐	☐
9. L'assassin a réussi à s'approcher de la victime sans se faire repérer.	☐	☐

Voir corrigés, page 62

24 heures plus tard Jean Travkeucouic rappelle…
- Patron, j'ai votre homme. Il s'agit de Sylvestre Étalon, surnommé « Rambo », nageur et plongeur de choc. D'autre part, un jeune journaliste est venu ce matin dans nos bureaux…
- Et alors ?
- Il prétend avoir filmé par hasard[1] un yacht avec un homme-grenouille…

- Sylvestre Étalon?
- Et Rambo n'était pas seul à bord. Une deuxième personne se trouvait dans la cabine du yacht, une ravissante[2] starlette…
- Dumondobalcon ! Élémentaire… mon cher Travkeucouic ! Convoquez donc Rambo !

1. par hasard : accidentellement, fortuitement.
2. ravissant(e) : joli(e), qui touche par sa beauté, son charme.

ACTIVITÉ

✎ Mots fléchés pour un détective.

1. L'heure du crime.
2. Un bon détective le contrôle toujours.
3. Il n'est pas forcément coupable.
4. Ceux qui y sont, ont fait quelque chose de mal.
5. C'est une arme qui ne laisse pas de traces.
6. Le casier judiciaire des criminels ne l'est pas.
7. Un bon détective est toujours sur ceux du coupable.
8. Quand on tire dedans, il y a beaucoup de victimes.
9. Il y en a toujours, sur les lieux du crime.
10. Le temps l'est, quand on est condamné à perpétuité.

Voir corrigés, page 62

- **S**ylvestre Étalon, pourquoi avez-vous commis un tel acte ?
- Sofia m'a envoûté[1]. Elle est capricieuse et terriblement séduisante. Quand elle me demande de faire quelque chose, j'exécute. J'ai rempli des missions terribles au C.I.N.C.[2], mais Sofia m'a confié la pire. J'ai tout fait par amour pour elle. Je ne connaissais pas la victime.
- Pourquoi a-t-elle fait ça ?
- Je l'ignore. Moi, j'exécute sans réfléchir mais je ne rate[3] jamais mon coup.
Sylvestre Étalon est arrêté.

1. **envoûté(e) :** charmé(e), fasciné(e), séduit(e).
2. **C.I.N.C. :** Centre d'instruction des nageurs de combat.
3. **rater :** échouer, ne pas arriver à son objectif.

ACTIVITÉ

Non, non, non et non !
La première fois que Sylvestre Étalon a rencontré Sofia Dumondobalcon dans un café, elle répondait toujours négativement (ne... rien, ne... personne, ne... plus, etc.). Réponds pour elle !

1. - Vous attendez quelqu'un, mademoiselle ?
   - Non, je _____

2. - Vous prenez un apéritif ?
   - _____

3. - Vous connaissez quelqu'un dans ce bar ?
   - _____

4. - Voulez-vous un autre diabolo-menthe ?
   - _____

5. - Vous buvez quelquefois du whisky ?
   - _____

6. - Vous voulez quelque chose d'autre ?
   - _____

7. - Vous aimez quelqu'un ?
   - _____

Le commissaire a convoqué tous les suspects[1] pour une dernière confrontation.
- Mademoiselle Dumondobalcon, il existe en vous deux facettes[2] : la ravissante "idiote" cache une fille de bonne famille et un écrivain. Je suis allé chez vos parents, au château du Comte Mondo de la Balconnière. Vous avez pris un pseudonyme pour échapper à une famille étouffante[3].
- C'est vrai, mes parents sont riches, bornés[4] et conformistes. Ils préfèrent que je sois professeur à l'université ou mère de famille nombreuse que dans le cinéma.
Moi, je ne veux pas !

1. **suspect(e) :** qui éveille les soupçons.
2. **une facette :** se dit d'une personne qui peut avoir des aspects, des comportements très différents.
3. **étouffant(e) :** qui fait qu'on étouffe, qu'on respire à peine, oppressant, suffocant.
4. **borné(e) :** dont les facultés intellectuelles sont limitées. Esprit étroit, obtus.

ACTIVITÉ

✎ **Qui fait quoi ?**
Relis si nécessaire les pages 22 à 52 pour dire qui fait quoi dans l'enquête policière.

Interroger et confronter
la plupart des suspects

Analyser les blessures
sur le cadavre de B.B.

Découvrir le corps de
la victime et prévenir
de sa disparition

Filmer les deux
complices, B.B.
et Sylvestre Étalon,
sur le yacht

Enquêter sur
l'équipement des
plongeurs sous-marins
et l'arme du crime

Marius Pastaga

Amadou Fierabras et
Noah Lepoisson

Médecin légiste

Lieutenant de police
Jean Travkeucouic

Pedro, le jeune
journaliste

Voir corrigés, page 62

- À 20 ans, vous partez travailler comme mannequin[1] à Londres.
Entre-temps, vous écrivez des scénarios et vous rencontrez Sylvestre Étalon.
C'est le coup de foudre : ce culturiste représente à vos yeux le triomphe de la beauté sur l'intelligence.
- Eh bien ? Est-ce un crime que de penser cela ?
- Oui, cela le devient quand vous écrivez *Les Caprices du désir*.
Marlène Lang, l'assistante de production, qui a de nombreuses relations dans le monde du cinéma, vole[2] votre scénario en le présentant à Gonzague Melesbrise.
- Moi ? demande Marlène Lang, stupéfaite.

1. **mannequin :** jeune femme qui défile pour un créateur dans les défilés de mode.
2. **voler :** prendre son bien, sa propriété à quelqu'un.

ACTIVITÉ

✎ **Après avoir lu une petite annonce dans un journal, Sofia Dumondobalcon répond et envoie son curriculum vitae. Elle n'a pas fait l'accord des adjectifs et des participes passés utilisés comme adjectifs. Corrige ses fautes sur ton cahier.**

ÉTAT CIVIL
NOM ET PRÉNOM : Dumondobalcon Sofia
DOMICILE : 8, rue Saint Sauveur
  06110 LE CANNET
Né le 1er avril 1984 à Mormoi-Le-Neuf
  (département de la Saône-et-Loire)
Pacsé sans enfants

ÉTUDES
Étudiant au lycée Louis Lepetit
CONNAISSANCES :
LANGUE VIVANT : anglais (lu, écrit, parlé)
LANGUE VIVANT : langues d'oc (lu, écrit)

EXPÉRIENCES PROFESSIONNELLES
Mannequin à Londres (défilés Jean Sol Partre, événements Harrod'premium)

DISPONIBILITÉ
Prêt à remplir ce poste immédiatement

- **G**onzague Melesbrise vous demande de modifier le rôle principal pour l'adapter à la personnalité de Brigitte. Vous dénaturez[1] le texte et le rôle que Sofia s'est taillée sur mesure. Mais la haine de Sofia se concentre sur sa rivale, Brigitte Bobine, qui apparaîtra à l'écran à sa place. Si Brigitte n'avait pas existé, Sofia aurait connu une gloire rapide. C'est Sylvestre Étalon son amant dévoué[2] qui exécutera aveuglément[3] ensuite cet atroce scénario, lui, bien réel.
- C'est cet ultime scénario qui vous conduira en prison, Mademoiselle Dumondobalcon.

1. **dénaturer :** déformer, travestir, changer la nature de.
2. **dévoué(e) :** qui consacre tous ses efforts à servir quelqu'un, à lui être agréable.
3. **aveuglément :** sans réflexion, en aveugle.

ACTIVITÉ

QUI, QUE ou OÙ ?
Complète à l'aide du pronom relatif qui convient.

1. *Et Dieu créa la femme*, le film _____ lance Saint-Tropez.

2. Je distingue une très jolie fille _____ enlace un type grassouillet en bermuda bleu.

3. Marius a réussi à entrer dans la Police Judiciaire de Marseille, _____ il est devenu commissaire.

4. Brigitte a nagé jusqu'à 100 mètres du bord, là _____ se trouvent les bouées jaunes de sécurité.

5. C'est Noah Lepoisson _____ m'a prévenu de la disparition de B.B.

6. Le commissaire va interroger Marlène Lang au marché Forville, _____ elle fait ses courses.

7. Il possédait un appareil appelé *recycleur* _____ ne dégage aucune bulle.

Nice Matin • Jeudi 11 mai

À LA UNE

UN MYSTÈRE RAPIDEMENT ÉLUCIDÉ

Par Juliette Lapige

Marius Pastaga, brillant commissaire marseillais, a réussi à identifier les deux complices à l'origine du meurtre de Brigitte Bobine : la starlette Sofia Dumondobalcon, qui cachait une femme éternellement insatisfaite[1] ; et son amant Sylvestre Étalon qui était l'instrument de ses funestes[2] projets.

C'est grâce aux indices fournis par un jeune journaliste étranger que la police a pu retrouver la trace des deux complices.

Le Festival a continué, malgré l'émotion que l'événement a suscitée.

Lisez également l'article de notre jeune correspondant étranger en page 2.

---

1. **insatisfait(e) :** qui n'est pas satisfait(e) de son sort, mécontent(e).
2. **funeste :** qui apporte la mort, le malheur.

ACTIVITÉ

Fais l'accord du participe passé si nécessaire.

1. Les indices que le commissaire a **découvert** _____ n'ont pas servi à grand-chose.

2. Les indices, **découvert** _____ par le commissaire, sont d'une grande utilité pour l'enquête.

3. Ces indices, le commissaire les a **découvert** _____ en menant son enquête.

4. Le commissaire a **découvert** _____ ces indices en menant son enquête.

5. Quels indices le commissaire a-t-il **découvert** _____ en menant son enquête ?

6. Pourquoi le commissaire n'a-t-il pas **utilisé** _____ les indices qu'il a **découvert** _____ durant son enquête ?

Nice Matin • Jeudi 11 mai • page 2

Tout souriait à Sofia Mondo de la Balconnière...

la beauté, la richesse, l'intelligence, l'amour. Mais elle voulait la gloire tout de suite. Être starlette ne lui suffisait plus, elle était devenu également écrivain. Son meilleur scénario a été modifié pour s'adapter au mieux à Brigitte Bobine. À partir de ce moment là, elle va vouer[1] à sa rivale une grande haine[2], qu'elle assouvira par la main vengeresse[3] de Sylvestre Étalon, son amant qui est aussi un excellent nageur de combat.
Sofia a réussi à faire la une des journaux.
Non pas dans la rubrique des spectacles mais dans celle des crimes extraordinaires.

---

1. **vouer** : consacrer, destiner.
2. **haine** : sentiment violent qui pousse à vouloir du mal à quelqu'un et à se réjouir du mal qui lui arrive.
3. **vengeur/vengeresse** : qui venge, est animé par la vengeance ou sert la vengeance.

CORRIGÉS

page 15
A. *À bout de souffle* • B. *La Haine*

page 25

A	M	H	O	L	M	E	S
J	A	V	E	R	T	C	M
R	R	S	T	E	I	O	A
N	L	B	R	Ê	N	L	I
L	O	O	A	▓	T	O	G
U	W	N	C	P	I	M	R
I	E	D	Y	N	N	B	E
M	A	R	P	L	E	O	T

Personnage caché : **ARSÈNE LUPIN**

page 27
a. **CURIEUX** • b. **MÉTHODIQUE** • c. **INTELLIGENT** • d. **SÉDUISANT** • e. **INTUITIF** • f. **ÉNERGIQUE**

page 31

N	A	D	J	A	N	I	S
O	A	M	A	R	C	E	A	U
I	B	I	N	O	C	H	E
R	B	E	L	M	O	N	D	O
E	H	U	P	P	E	R	T
T	D	E	N	E	U	V	E	G
D	E	P	A	R	D	I	E	U
N	S	E	R	R	A	U	L	T
I	A	U	T	E	U	I	L	E
R	O	C	H	E	F	O	R	T
L	U	C	C	H	I	N	I	R

ACTRICE CACHÉE :
Ludivine SAGNIER

page 39

Les Enfants du paradis • Le Facteur sonne toujours deux fois • Le Voleur de bicyclette • Les Visiteurs du soir • Blanche-Neige et les sept nains • Le train sifflera trois fois • Et Dieu créa la femme • Quai des brumes • La Vie est un roman • Le Salaire de la peur

page 41
A. **Alain Delon** • B. **Jean-Paul Belmondo**

page 47
1 **F** • 2. **V** • 3. **F** • 4. **F** • 5. **V** • 6. **F** • 7 **F** • 8. **V** • 9. **V**

page 49

		² A							
		L							
		I		D					
		B		É		⁵ P			
¹ M	I	N	U	I	T	O			
				E		I			
¹/⁹ S	U	S	P	E	C	⁸ T	S		
A				⁷ T	A	¹⁰ L	O	N	S
N		⁴ P	R	I	S	O	N		
G				V		N			
		⁶ V	I	E	R	G	E		

page 53

Interroger ▸ Marius Pastaga
Analyser .. ▸ Médecin légiste
Découvrir… ▸ A. Fierabras et N. Lepoisson
Filmer.. ▸ Pedro le jeune journaliste
Enquêter.. ▸ Le lieutenant J. Travkeucouic

PORTFOLIO

Coche la case qui correspond le mieux à tes connaissances grammaticales.

☺ 😐 ☹

Je sais comprendre et utiliser...
les pronoms relatifs QUI, QUE, OÙ (page 57) ❏ ❏ ❏

le superlatif (page 9) ❏ ❏ ❏

Je sais conjuguer et utiliser...
les verbes du 2ème groupe (page 23) ❏ ❏ ❏

les verbes modaux : POUVOIR, VOULOIR, SAVOIR + infinitif (page 11) ❏ ❏ ❏

les verbes pronominaux (page 17) ❏ ❏ ❏

le passé composé et l'imparfait (pages 35 et 45) ❏ ❏ ❏

Je sais former...
la négation avec NE... JAMAIS, NE... PLUS, NE...RIEN (page 51) ❏ ❏ ❏

Je sais accorder...
les verbes au participe passé (page 59) ❏ ❏ ❏

Je connais...
les articles (page 5) ❏ ❏ ❏

les pronoms personnels sujet (page 9) ❏ ❏ ❏

les adjectifs démonstratifs (page 21) ❏ ❏ ❏

les prépositions et les adverbes de lieu (pages 27 et 47) ❏ ❏ ❏

les adjectifs possessifs (page 51) ❏ ❏ ❏

• LECTEURS EN HERBE • EN COULEURS 🎧 •

Béril	ASTRELIX DANS L'ESPACE
Hoffmann	PIERRE L'ÉBOURIFFÉ
Lutun	ZAZAR
Moulin	LE COMTE DRACULA
Moulin	NESSIE LE MONSTRE
Moulin	ROBIN DES BOIS
Vincent	LA FAMILLE PITHOMAS
Lutun	ZAZAR ET LE COQUILLAGE
Lutun	ZAZAR ET LE RENARD
Martin	HALLOWEEN
Martin	BROB LE BRONTOSAURE

• PREMIÈRES LECTURES •

Aublin	LE RIFIFI
Aublin	MERLIN L'ENCHANTEUR
Aublin	SCARAMOUCHE
Avi	LE TITANIC
Brunhoff	L'ÉLÉPHANT BABAR
Busch	MAX ET MAURICE
Cabline	VERCINGÉTORIX
Capatti	JOUEZ avec la GRAMMAIRE FRANÇAISE
Daudet	LA CHÈVRE DE M. SÉGUIN
Dumas	LES TROIS MOUSQUETAIRES
Dutrois	L'ACCIDENT !
Dutrois	OÙ EST L'OR ?
Germain	LE PETIT DRAGON
Gilli	MÉDOR ET LES PETITS VOYOUS
Grimm	CENDRILLON
Grimm	LES GNOMES
Hutin	LA MAISON DES HORREURS
Hutin	LE PAPILLON
La Fontaine	LE LIÈVRE ET LA TORTUE
Leroy	LES AVENTURES D'HERCULE
Les 1001 Nuits	ALI BABA ET LES 40 VOLEURS
Messina	LE BATEAU-MOUCHE
Perrault	LE PETIT CHAPERON ROUGE
Stoker	DRACULA

• PREMIÈRES LECTURES 🎧 •

Arnoux	LE MONSTRE DE LOCH NESS
Andersen	LES HABITS DE L'EMPEREUR
Flotbleu	D'ARTAGNAN
Grimm	HANSEL ET GRETEL
Hugo	LE BOSSU DE NOTRE-DAME
Laurent	LE DRAGON DORMEUR
Laurent	POCAHONTAS
Pellier	LE VAMPIRE GOGO
Pergaud	LA GUERRE DES BOUTONS
Renard	POIL DE CAROTTE
Sand	LA PETITE FADETTE
Stoker	DRACULA

• LECTURES TRÈS FACILITÉES •

Aublin	FRANKENSTEIN contre DRACULA
Avi	LE COMMISSAIRE
Avi	LE TRIANGLE DES BERMUDES
Cabline	NAPOLÉON BONAPARTE
Capatti	JOUEZ avec la GRAMMAIRE FRANÇAISE
Cavalier	LES MÉSAVENTURES DE RENART
Ducrouet	NUIT DE NOËL
Gëren	LE BATEAU VIKING
Gëren	LE MONSTRE DES GALAPAGOS
Germain	LE VAMPIRE
Gilli	UN CŒUR D'ENFANT
Gilli	PARIS-MARSEILLE VOYAGE EN T.G.V.
Hémant	MARIE CURIE
Hutin	CARTOUCHE
Hutin	LE MYSTÈRE DE LA TOUR EIFFEL
Laurent	UN VOLONTAIRE DANS L'ESPACE
Leroy	ANACONDA, LE SERPENT QUI TUE
Mass	LA CHASSE AU TRÉSOR
Mass	OÙ EST L'ARCHE DE NOÉ?
Mérimée	LA VÉNUS D'ILLE
Messina	GRISBI

• LECTURES TRÈS FACILITÉES 🎧 •

Arnoux	BONNIE ET CLYDE • FUITE D'ALCATRAZ
Aublin • Wallace	SISSI • BEN HUR
Avi • Doyle	PIRATES • LA MOMIE
Cabline	LES CHEVALIERS DU ROI ARTHUR
Dubois	CONTES ET LÉGENDES DE PROVENCE
Dumas	LE COMTE DE MONTE-CRISTO
Germain • Saino	HALLOWEEN • LE MASQUE
Hoffmann	PIERRE L'ÉBOURIFFÉ
Hutin	LES COPAINS
Pellier	LE REQUIN • HISTOIRES FANTÔMES
Perrault • Leroux	BARBE BLEU • FANTÔME de l'OPÉRA
Sennbault	MEURTRE SUR LA CROISETTE
Verne	L'ÎLE MYSTÉRIEUSE

• LECTURES FACILITÉES •
SÉLECTION

Beaumont	LA BELLE ET LA BÊTE
Capatti	JOUEZ avec la GRAMMAIRE FRANÇAISE
Dumas	LES TROIS MOUSQUETAIRES
Flaubert	MADAME BOVARY
Forsce	JACK L'ÉVENTREUR
Giraud	L'HISTOIRE D'ANNE FRANK
Juge	JEANNE D'ARC
Malot	SANS FAMILLE
Martini	LA CHANSON DE ROLAND
Martini	LE ROMAN DE RENART
Maupassant	BOULE DE SUIF
Maupassant	UNE VIE
Mercier	CONTES D'AFRIQUE
Mercier	L'AFFAIRE DREYFUS
Molière	LE MALADE IMAGINAIRE
Pergaud	LA GUERRE DES BOUTONS
Perrault	LE CHAT BOTTÉ
Rabelais	GARGANTUA ET PANTAGRUEL
Radiguet	LE DIABLE AU CORPS
Renard	POIL DE CAROTTE
Rostand	CYRANO DE BERGERAC
Sand	LA MARE AU DIABLE
Sand	LA PETITE FADETTE
Ségur	MÉMOIRES D'UN ÂNE
Troyes	PERCEVAL
Verne	DE LA TERRE À LA LUNE
Verne	LE TOUR DU MONDE EN 80 JOURS
Verne	20 000 LIEUES SOUS LES MERS

• LECTURES FACILITÉES 🎧 •

Beaumarchais • Fraiche	FIGARO • ROBESPIERRE
Beaum • Hugo	BARBIER SÉVILLE • MISÉRABLES
Dunsien	LA GUERRE D'INDOCHINE
Forsce	RICHARD CŒUR DE LION
Fraiche	CHARLEMAGNE
Gautier	LE ROMAN DE LA MOMIE
Loti • Messina	PÊCHEUR • JOCONDE
Mercier • Renard	CONTES • POIL DE CAROTTE
Molière	TARTUFFE
Parfait	MON ONCLE LE COMMISSAIRE
Saino • Juge	ORIENT EXPRESS • ANDES
Ségur • Pergaud	MÉMOIRES ÂNE • GUERRE BOUTONS
Voltaire	CANDIDE

• LECTURES SANS FRONTIÈRES 🎧 •

Balzac	LE PÈRE GORIOT
Béguin	AMISTAD
Béguin (SANS CD)	JOUEZ avec la GRAMMAIRE
Combat	HALLOWEEN
Conedy	COCO CHANEL
Diderot	JACQUES LE FATALISTE
Dumas	LA DAME AUX CAMÉLIAS
Flaubert	L'ÉDUCATION SENTIMENTALE
Flaubert	MADAME BOVARY
France	LE LIVRE DE MON AMI
Hugo	LES MISÉRABLES
Hugo	NOTRE-DAME DE PARIS
Iznogoud	JACK L'ÉVENTREUR
Maupassant	BEL-AMI
Messina	JEANNE D'ARC
Messina	MATA HARI
Messina	NAPOLÉON. L'HISTOIRE D'UNE VIE
Molière	L'ÉCOLE DES FEMMES
Molière	LE MISANTHROPE
Proust	UN AMOUR DE SWANN
Sampeur	RAPA NUI
Stendhal	LE ROUGE ET LE NOIR
Térieur	LE TRIANGLE des BERMUDES
Zola	GERMINAL
Zola	THÉRÈSE RAQUIN

• AMÉLIORE TON FRANÇAIS •
SÉLECTION

Alain-Fournier	LE GRAND MEAULNES
Anouilh	BECKET
Balzac	L'AUBERGE ROUGE
Balzac	L'ÉLIXIR DE LONGUE VIE
Baudelaire	LA FANFARLO
Corneille	LE CID
Daudet	LETTRES DE MON MOULIN
Duras	AGATHA
Flaubert	🎧 UN CŒUR SIMPLE
Gautier	LA MORTE AMOUREUSE
Hugo	Le DERNIER JOUR d'un CONDAMNÉ
La Fontaine	FABLES
Maupassant	MADEMOISELLE FIFI
Molière	L'AVARE
Molière	TARTUFFE
Molière	LES PRÉCIEUSES RIDICULES
Perrault	🎧 CONTES
Prévost	MANON LESCAUT
Rousseau	RÊVERIES DU PROMENEUR SOLITAIRE
Simenon	LES 13 ÉNIGMES
Stendhal	🎧 HISTOIRES D'AMOUR
Voltaire	MICROMÉGAS

• CLASSIQUES DE POCHE •

Baudelaire	🎧 LE SPLEEN DE PARIS
Duras	L'AMANT
Hugo	🎧 LA LÉGENDE DU BEAU PÉCOPIN
La Fayette	LA PRINCESSE DE CLÈVES
Maupassant	CONTES FANTASTIQUES
Pascal	🎧 PENSÉES
Proust	🎧 VIOLANTE OU LA MONDANITÉ
Racine	PHÈDRE
Sagan	BONJOUR TRISTESSE
Simenon	L'AMOUREUX DE MME MAIGRET
Voltaire	🎧 CANDIDE

© 2009 **ELI** SRL - **LA SPIGA LANGUAGES** • TÉL. +39 02 2157240 • info@laspigamodern.com • info@elionline.com
IMPRIMÉ EN ITALIE PAR **TECNOSTAMPA**